Le LIVRE de POCHE

JEUNESSE

VÉRONIQUE MASSENOT

« Et toi, qu'est-ce que tu veux faire, plus tard ? » À l'éternelle question, embarrassante et indiscrète, que les adultes s'obstinent à poser aux enfants, elle n'osait pas répondre la vérité : « Des livres et des bébés ! » Née en 1970, Véronique Massenot a aujourd'hui deux enfants et publie son premier roman, *Lettres à une disparue*, écrit après avoir écouté, bouleversée, un reportage à la radio.

LETTRES
À UNE DISPARUE

Véronique Massenot

LETTRES À UNE DISPARUE

HACHETTE
Jeunesse

À Fanny, ma fille.

À ma mère.

Chère Paloma,

Aujourd'hui, je me suis levée tôt. Il faisait nuit encore. J'ai mis ma robe noire et mon foulard blanc, noué sur mes cheveux. J'allais sortir pour me rendre au marché, sur le port, mais mon reflet, dans le miroir de la cuisine, m'a retenue : ce visage sans expression, aux traits tirés, au regard vide…

Je ne me suis pas reconnue.

Si tu me voyais, Paloma... Depuis quatre ans, je me suis laissée vaincre. Par le temps passé à t'attendre, par l'espoir sans cesse déçu, par la tristesse et le découragement.

Au début, je ne voulais pas croire à ta « disparition ».

Je pensais : « Ils l'ont enlevée, interrogée, mais comme elle refuse de parler, ils la gardent en prison. » Je me répétais cela jour et nuit. Pour me rassurer. Ne pas devenir folle.

Toutefois, les rumeurs couraient vite, que je n'entendais pas.

Je m'asseyais dans le fauteuil, en face de la porte d'entrée. Je restais là, pendant des heures, à espérer qu'elle s'ouvre. J'imaginais la scène, nos retrouvailles...

Tu allais revenir épuisée, terriblement amaigrie. Je m'y préparais. Te serrer dans mes bras, te soigner, te nourrir. Je te ferais couler un bain, chaud et parfumé. Ton plat préféré, mon poulet aux épices, mijotait déjà sur le feu.

Les heures, les jours, les mois se sont succédé sans nouvelles.

Rien.

Alors, peu à peu, doucement, sur la pointe des pieds, l'espoir s'en est allé.

Plus de mots qui apaisent, puis plus de mots du tout.

Le désespoir est muet.

Pourtant, aujourd'hui, je t'écris…

J'ai acheté ce joli papier blanc chez le libraire de la rue Santa Paula. Tu sais, la rue pavée que tu prenais toujours, après l'école, pour aller à la plage.

Monsieur Libero se souvient de toi, j'en suis certaine. Il te donnait des cahiers bon marché, parfois même de petits crayons, et tu le « payais » en dessins : sa boutique, la rue, la plage, le marché... Il a tout gardé, sûrement.

Il ne m'a pas saluée, de son tonitruant « chère petite Melina ! » d'autrefois. Lui non plus ne m'a pas reconnue...

Je suis descendue voir la mer. J'ai retrouvé l'endroit où nous avions pris l'habitude, ton père, toi et moi, de nous installer le dimanche. Rien n'a changé. Tout est bien à sa place et nous attend. Les petites barques multicolores, les rochers noirs et lisses...

L'inertie des choses me terrasse.

Ma vie s'est effondrée, depuis que tu as disparu. Et pourtant, la terre tourne encore. La rue, la mer, la plage, le port. Le décor est debout. Intact, vivant, indifférent.

« Disparaître » n'est pas mourir.

Ni deuil à porter, ni tombe à fleurir.

Juste une absence.

Des souvenirs.

Et cette attente insupportable…

Tantôt l'espoir est là, me tient, tenace. Tu n'es pas morte, je m'en convaincs. Les yeux fermés, je t'entends m'appeler. Ton cri lointain, si distinct néanmoins, vient m'arracher à mon chagrin. Non, petite fille, je ne t'abandonne pas. Te chercherai encore. Te trouverai. Ma Paloma. Et tu reviendras parmi nous.

Tantôt il s'en va.

S'évanouit brusquement.

Silence…

Plus de combat, plus la peine.

Ta voix s'est tue. Je retourne à mes larmes.

Pourquoi t'écrire ?

Pour échapper à cet enfer. Quitter un instant ce chemin, qui de cimes en abîmes ne mène nulle part, qu'à la folie.

Fuir la torture, enfin.

Et te retrouver, autrement.

Me retrouver aussi…

C'est la première fois, depuis plus de trois ans, que j'ose écrire avec ce beau stylo. Tu me l'avais offert, dans du papier d'argent, pour mon anniversaire. Mes quarante ans. Tu te rappelles ?

La fête avait duré toute la nuit…

Papa m'avait fait la surprise d'inviter mon amie Stella, partie s'installer dans le Sud. Quel bonheur ! Avec elle, c'est mon enfance qui venait me célébrer.

Au petit jour, nous n'étions plus que cinq. Et nous dansions, infatigables ! Juan et papa, ensemble, se trémoussaient dans leur « fabuleux numéro spécial, grotesque et outrancier », tandis que Stella mimait sa tante, Dolorita, la meneuse de revue, « au temps de sa splendeur baroque ».

Toi, « ma fierté rayonnante », tu riais de bon cœur. Et ta voix, un peu grave, résonne encore à mes oreilles...

Ce matin-là, en allant préparer le café seule dans la cuisine, j'ai pensé : « La vie m'a gâtée. »

Quarante ans. Il me semblait que j'étais jeune, pour me sentir ainsi comblée. J'ai eu, je m'en souviens, comme un pincement au cœur... » Que demander de plus ? »

Que mon pays sorte de la dictature ? Bien sûr...

Mais, finalement, ma petite famille unie, le cercle fidèle de mes amis, cela me suffisait, en guise de démocratie.

J'étais moins généreuse que toi.
Moins courageuse.

Si j'avais su…
Deux semaines plus tard, la milice venait vous chercher, en pleine nuit. Toi, Juan et Nina.

Aujourd'hui, Paloma, quelque chose a changé. Ne plus pouvoir me regarder en face, ce n'est pas supportable.
Ils m'auraient tout pris, vraiment tout…
Ma fille, mon gendre, ma petite-fille.
Mon bonheur. Et maintenant, ma dignité.
Non. Je ne peux plus me laisser faire.

Cela te paraîtrait futile sans doute, mais j'ai éprouvé le besoin, tout à l'heure avant de t'écrire, de ressortir mon maquillage. Je ne l'avais pas fait depuis bientôt deux ans.

J'ai peint, avec beaucoup de soin, mes paupières en bleu clair. Petite, tu disais que je mettais mes « ailes de papillon ».

Pour toi, je voulais être belle.

Je t'embrasse fort.

MAMAN.

Chère Paloma,

« Réconciliation nationale », ils n'ont que ces mots à la bouche !

Six mois sont passés depuis ma première lettre. Le pouvoir a changé.

Démocratie ! Élections ! Président !

La fête. La foule dans les rues jour et nuit.

De nouveau l'espoir de vous retrouver.

Les prisons maintenant sont vides…

Vous n'êtes pas revenus.

Ni vivants, ni morts.

Vous avez « disparu ».

Toi, ton mari, ta fille et des milliers d'autres personnes. Coupables de « subversion ».

Nous savons par d'anciens détenus que vous avez été conduits à l'École militaire la nuit même de votre arrestation. Qu'ils vous ont laissés tous les trois ensemble, dans une cellule, avec deux femmes. Et qu'ils vous ont « interrogés ».

Détention, torture… Combien de temps votre calvaire a-t-il duré ? Nous l'ignorons, les témoins sont trop rares. « Disparus » avec vous.

Et puis… quelle importance, maintenant ?

Puisque tout est fini.

Ne plus jamais t'entendre rire, que dans mes souvenirs amers.

Renoncer à l'espoir.

Creuser ta tombe quelque part… Tout au fond de mon cœur. Et la couvrir de fleurs.

Si je pouvais y retrouver la paix !

J'ai rencontré, au cours de mes recherches, d'autres mères de « disparus ». Elles manifestent régulièrement pour obtenir les corps de leurs enfants, c'est-à-dire la reconnaissance par l'État du crime dont ils ont été les victimes et, donc, le jugement des coupables.

Mais la justice ne fait rien.

Si, des promesses !

Quant au gouvernement, il parle tant et plus de « réconciliation ».

Les militaires continuent de faire peur…

Comment t'y prendrais-tu, petite Paloma ? Toi qui savais dire « non ».

Je me souviens de nos tout premiers désaccords. Tu n'avais pas quinze ans et tu t'intéressais déjà à la crise politique. Moi qui entrais dans la trentaine, je souffrais sans me l'avouer de te voir sortir de l'enfance… et m'échapper un peu.

Que faire ?

Me battre à leur côté. Jusqu'au bout sans faiblir, pour voir tes bourreaux condamnés, pour apaiser mon cœur.

Mais toi, tu connais mon tempérament. Réservé. Solitaire. Je ne sais pas si je suis capable de lutter. J'ai peur de ne pas en avoir la force.

Pourtant, j'essaierai… Je te le promets, ma colombe.

Dire que je t'ai donné ce nom parce qu'il est synonyme de paix… Ton père aurait préféré « Rosita ». C'est drôle, parce que j'ai fait la connaissance, il y a un mois, d'une Rosita née le même jour que toi.

Les militaires l'ont enlevée, elle aussi. Enceinte de six mois. Je n'arrive pas à croire ce qu'elle m'a raconté.

Son mari, Luis, et elle ont été arrêtés la nuit, comme vous. Les miliciens leur ont bandé les yeux et les ont jetés dans un véhicule. À la prison, la cellule était minuscule et le couple la partageait avec quatre personnes. Impossible de s'allonger. Bouger non plus. Trouver le sommeil encore moins. Ils entendaient crier les autres, toi peut-être, en attendant leur tour…

Rosita, même enceinte, ne put y échapper.

« Interrogée » à l'électricité.

Violée.

Comme toutes les femmes.

Devant son mari.

Je ne peux pas y croire, ce ne

sont pas des hommes ! Et le gouvernement qui veut nous réconcilier avec ça !

Paloma, tes bourreaux, ces ignobles barbares, sont partis en retraite. Gentiment. « Au revoir ! Sans rancune et à la prochaine fois ! »

Les juges seront-ils avec nous ?

Les militaires essaient de nous faire passer pour des folles, prétendant que nos « disparus » n'ont jamais existé !

Mais il reste quelques témoins...

Des survivants, comme Luis et Rosita. Qui parlent. Qui accusent. Qui ne veulent plus croiser, dans la rue, leurs anciens tortionnaires... Libres !

La vengeance mène souvent aux pires des injustices. Mais je ne veux pas de représailles ! Je veux tout simplement que la justice de mon pays reconnaisse les bourreaux de leurs victimes. Et punisse les coupables.

Leur « réconciliation nationale », c'est l'injustice, l'impunité, pas autre chose.

Paloma, Paloma, petite fille née de ma chair, donne-moi ta force et ton courage.

Je crains de n'être pas assez tenace, de retomber, toujours, tout au fond de mon désespoir.

Heureusement, ton père est là.

Il m'aide beaucoup, tu sais...

Je viens de recevoir une lettre de Stella, qui m'annonce son retour. Son mari, Fernando, a trouvé du travail ici. Ils arrivent dans deux mois. Je vais leur chercher un appartement à louer.

Dans le quartier, bien sûr. Enfin une bonne nouvelle !

Je t'embrasse fort.

MAMAN.

Chère Paloma,

Guille, tu ne le connais pas. C'est un petit garçon d'à peine huit ans, fils unique d'un vieux colonel. Son histoire fait du bruit.

Il y a six ans, pendant les vacances de Noël, un jeune instituteur prénommé Jaime, sa femme et leur enfant sont arrêtés par la milice.

Comme vous, exactement.

Et, eux aussi, « disparaissent ».

Les années passent et le régime est enfin renversé. La petite sœur de Jaime, Lelia, qui avait pu partir se réfugier à l'étranger, revient avec la volonté tenace de retrouver leur trace.

Elle entreprend de longues recherches, rencontre d'anciens détenus, dont Luis et Rosita, et recueille des dizaines de précieux témoignages.

Après des mois d'enquête, elle acquiert la certitude absolue que si Jaime et sa femme ont sans doute été tués, l'enfant, lui, est toujours vivant.

Probablement « adopté de force » par un tortionnaire.

Ensuite, tout va très vite. Elle visite les écoles du quartier militaire et retrouve un garçon qui pourrait être son neveu. Il porte le même prénom, a l'âge du petit « disparu » et ressemble à l'instituteur. Trait pour trait.

Lelia constitue un dossier. Rassemble des preuves, beaucoup de photographies. Elle porte plainte. Et le procès a lieu. Long, prêtant à de vives polémiques, il s'est terminé ce matin. Le colonel est condamné. Sa femme également. Ils vont devoir « rendre » Guille à sa famille.

Le petit vivra chez Lelia.

Dès que j'ai appris le verdict, je suis allée chercher mon joli papier blanc, caché dans le tiroir de ma table de nuit. Et mon beau stylo plume.

Besoin de t'écrire une lettre.

De te parler, au-delà de l'absence.

Au-delà de la mort.

Besoin de me confier à toi, le temps d'une illusion, si dérisoire et souvent douloureuse, qui sait mettre pourtant un peu de ta lumière dans le noir de mon cœur...

Nina.

Peut-être est-elle vivante?

« Adoptée de force », elle aussi?

Par ton bourreau!

Ce serait fou.

Fou!

Désormais nous savons. Plusieurs militaires en mal de paternité ont enlevé des enfants et les ont élevés. Ceux de leurs propres victimes.

Toute la journée, ils torturaient, violaient, des pères, des mères. Le soir, rentraient chez eux, tranquilles, un petit dans les bras.

Et leurs femmes étaient très heureuses. Peut-être même pleuraient-elles de joie? Enfin mamans! Quel bonheur! Elles en rêvaient depuis tellement longtemps!

Des femmes? Des mères? Ces monstres! Des poitrines vides. Pas de cœur pour donner l'amour. Des êtres sans conscience. Une messe à la place. Et la bénédiction de Dieu.

Tu imagines, Paloma, ta jolie petite Nina…

Vivante ! Et prisonnière. Quelque part dans cette ville. Gardée, trompée, par l'un de ces affreux vampires.

Demain, je rencontre Lelia. Nous avons besoin de conseils. Ton père et moi sommes tous deux décidés. Nous allons retrouver Nina. Ta Nina, ta poupée. Notre petite-fille.

Fernando et Stella sont installés depuis un mois. Je leur ai trouvé une maison, juste en face de chez nous !

Je vois mon amie tous les jours. Sa compagnie me fait du bien. Nous parlons de nos souvenirs communs, de nos parents. Je passe de bons moments.

Elle est si drôle ! Je ris et j'oublie mon chagrin.

Jamais vraiment, jamais longtemps. Mais je revis un peu.

Stella m'a offert une boîte de couleurs, trois pinceaux, du papier.

« Merci pour la maison, chère petite Melina », a-t-elle écrit, bleu et penché, sur la carte dorée. Ce cadeau m'a beaucoup touchée.

Autrefois j'aimais peindre. Dès que j'avais du temps, je prenais l'autocar pour sortir des faubourgs, longer la côte et parcourir les champs. Quand l'endroit me plaisait, je faisais signe et le chauffeur me déposait. Il m'aidait à descendre mon petit chevalet, mon carton à dessin. Ils étaient habitués, me connaissaient tous.

Je m'installais, préparais mes couleurs.

Seule comme une île, dans un océan de lumière.

La journée passait vite. Le soleil perdait son éclat et déjà je devais ranger. Aller guetter le dernier autocar.

Un soir, le chauffeur ne s'arrêta pas. Il était en retard et ne m'avait pas vue. Je ne savais que faire. Marcher jusqu'au prochain village? Attendre le passage d'une automobile? Ou dormir à la belle étoile?

J'avais d'abord voulu marcher. Mais je dus renoncer, tant j'étais fatiguée. Je m'assis sur le bas-côté. La nuit, la peur. Et l'épuisement. Je sombrais peu à peu dans un profond sommeil.

Je me suis réveillée dans un autocar vide. Flambant neuf. Le chauffeur m'était inconnu, un nouveau sur la ligne.

Il faisait presque jour. Le beau Pablo m'a conduite chez moi, m'a porté mes affaires.

Et j'ai promis de peindre son portrait.

Puis je l'ai épousé.

Ton père aura cinquante ans mercredi. Je ne sais pas si nous les fêterons. Depuis votre « disparition », nous n'avons plus célébré les anniversaires. Peut-être ma petite-fille a-t-elle, dans une grande maison confortable du quartier militaire, soufflé chaque année ses bougies ? Mangé de bons gâteaux, reçu de beaux cadeaux ?

Nina est-elle encore en vie ?

Ou morte ?

Comme vous. Comme toi.

Effacée, « disparue ». Le corps criblé de balles, enterrée dans une fosse commune. Noyée. Brûlée. Otage innocent de l'ignominie. Poupée fragile, tombée aux mains de voyous assassins.

J'ai relu mes deux premières lettres. Je voudrais mieux écrire, pouvoir te crier mon amour. Te dire que tu vis dans nos cœurs, avec ta fille et ton mari.

Mais les mots restent tout petits.

Je t'embrasse fort.

MAMAN.

Chère Paloma,

Enfin ! Du nouveau ! Depuis trois mois que nous menons l'enquête, papa, Stella et moi.

Lelia nous avait conseillé de guetter les enfants qui sortent de l'école. D'abord le quartier militaire. Nous avons fait un plan. Les premiers temps, Stella surveillait le nord du secteur et moi le sud, autour de la place Santa Dolorès.

Mais c'était dur, ma Paloma. Trop dur pour moi. Toutes ces mères. Sereines. Attendre au milieu d'elles. Comme attendre un fantôme. Le cœur battant, la vue troublée. Avec une pierre, lourde et pointue, là, dans le ventre.

Puis c'était la sortie. Le flot turbulent des enfants. Mille petites Nina, les yeux rieurs, les cheveux fous, qui s'élancent pour embrasser leur maman.

Mille petites Paloma.

Je me revoyais toute jeune, te faisant signe depuis le balcon. J'avais préparé ton goûter, du sirop trop sucré, des gâteaux de coco, et je me penchais pour te voir, bavarde et bondissante, arriver du haut de l'avenue, entourée de tes camarades.

Toi, quand tu m'apercevais, tu te mettais à courir. Comme une folle. Et tu arrivais les joues rouges, le souffle court, les cheveux collés sur le front. Ton père, s'il était devant la maison, réparant un moteur, te prenait dans ses bras, te soulevait de terre, te faisait tournoyer en l'air.

Tu riais aux éclats, et moi aussi, me moquant des traces de cambouis qui noirciraient ta blouse.

La vie était si belle...

Désormais Stella m'accompagne. Ton père, hélas! finit son service trop tard.

Mais le dimanche, tous les dimanches, nous allons ensemble à la plage, du côté des Trois-Croix, de Pierre-Blanche ou du Cap. Nous guettons les familles. Qui se baignent, jouent au ballon, pique-niquent...

C'est dur aussi.

Ce bonheur d'être ensemble. Ce bonheur simple. Ce bonheur impossible.

Pablo prend ces recherches très à cœur…

Lui qui ne s'est jamais fait beaucoup d'illusions sur votre sort, qui vous tenait pour morts dès la première année, modérant mes espoirs sans oser les briser, le voilà qui me pousse à croire que nous retrouverons Nina !

L'idée que sa petite-fille grandit peut-être au côté de ton assassin, bercée, portée par les bras qui t'ont tuée, lui est insupportable.

Il crie, la nuit, dans son sommeil. L'appelle, l'appelle…

Depuis trois mois, j'ai eu des moments difficiles. Passé l'enthousiasme des premières semaines, je me suis découragée de nouveau.

Malgré le soutien de ton père.

Malgré sa détermination.

Tant de petits visages au regard innocent. À scruter à la dérobée, comme une voleuse d'enfants.

Tant de souvenirs, tant de doutes.

Mercredi soir, j'étais désespérée. Je voulais tout abandonner. Ces traques me semblaient trop absurdes. Nous avions visité notre dernière école, le quartier militaire n'avait plus de secret pour nous. Et pas de Nina pour autant.

Quand nous sommes restées seules, sur le trottoir, devant la porte de l'école, Stella m'a serrée dans ses bras. Nous avons pleuré en silence. Que faire? Où chercher maintenant?

Mais papa est rentré plus tôt, bouleversé. Il avait dû remplacer un chauffeur sur une ligne de banlieue et pensait avoir vu Nina monter dans l'autobus.

Il a sorti la seule photographie de toi qu'il garde toujours sur lui, dans son petit étui de cuir, tellement usé. Prise le jour de tes quatorze ans. « Le même sourire, exactement. » Et après un moment, les yeux brillants : « Le sourire de ma fille, il est dessiné dans mon cœur. Je peux pas le confondre, ou alors avec celui de Nina. »

Le lendemain, Stella et moi, nous nous sommes rendues à l'arrêt d'autobus, à l'heure indiquée par ton père. Nous avons attendu. Peut-être dix minutes. Et la fillette est arrivée, son cartable à la main, comme Pablo nous l'avait décrite. L'allure sévère, robe unie et cheveux nattés, accompagnée d'une amie plus âgée.

Dans l'autobus, je ne la quittais pas des yeux, dissimulés derrière de petites lunettes noires. Elle parlait peu, ne riait pas. J'étais déçue. Je ne te retrouvais en rien.

De son côté, Stella fut immédiatement convaincue. « Si si, je t'assure, Melina, c'est saisissant ! »

Vendredi, à cinq heures, nous y sommes retournées. Luis nous suivait de loin, dans sa voiture. Avec un téléobjectif.

Le soir, quand il est arrivé chez nous, ses tirages sous le bras, tout le monde s'est installé devant la table. Silencieux. Il y avait Rosita, Fernando et Stella. Papa et moi.

Luis a posé les clichés un à un, sur la toile cirée jaune. Papa répétait sans arrêt : « C'est elle. C'est Nina. C'est sûr. » Et Stella de hocher la tête en signe d'acquiescement.

Mais moi, non. Rien. Aveugle. Mes yeux me trahissaient.

Ton père a sorti l'album de famille.

Tout le monde a pu comparer. La fillette et toi au même âge. Tout le monde a pu donner son avis. Et tout le monde a conclu comme Pablo : « Oui, c'est elle. Nina. Il faudrait l'approcher, lui parler maintenant, dès demain. »

Lorsqu'ils ont tous été partis, j'ai pu laisser couler mes larmes.

Papa semblait désemparé. Il a rangé l'album et les photographies de Luis. Je devinais son désarroi. Sa colère. Je lui gâchais ce moment rare, tant espéré. Sa jolie certitude. Nina. La première depuis si longtemps.

Avec son poing, de rage, il a frappé la table. Il s'est retenu de crier. Hurler sa déception, me la jeter à la figure. Tout sortir, se vider.

À quoi bon?

Puisqu'il savait.

Il m'a tourné le dos. Puis la porte a claqué.

Seule.
Avec mes doutes.
Ma culpabilité.

Épuisée, j'ai dormi. Dans le fauteuil, en face de la porte d'entrée.

Le petit jour, timide, est venu me chercher, me tirer du sommeil.

Que fais-tu, Melina ? Qui attends-tu ?

Ta Paloma, qui ne reviendra pas ?

Ou Pablo, ton amour ? Pablo vivant, qui a retrouvé la petite ?

Qui cherches-tu ? Nina ? Ou Paloma ?

Papa est revenu, un bouquet à la main. Je lui ai servi du café.

Cette nuit, j'ai compris, Paloma, que ton absence a rempli peu à peu ma vie, que j'ai fait le vide autour d'elle…

Et j'ai compris, surtout, serrée contre le cœur de mon Pablo, que la vie est plus forte. Qu'il faut te laisser reposer, dans la lumière pâle de nos souvenirs, et se battre corps et âme pour te rendre ta fille.

Je t'embrasse fort.

MAMAN.

Chère Paloma,

Ne te fâche pas. Si je t'ai délaissée durant bientôt trois mois, c'est que les choses, enfin, ont voulu se précipiter.

Avec bonheur.

Oui ! Nous avons retrouvé Nina. La fillette de l'autobus. Papa, bien sûr, ne s'était pas trompé. Le sourire de sa fille..., il l'avait reconnu.

Mais cela n'a pas été simple.

Stella s'est portée volontaire pour tenter la première approche. Elle a crié « Nina ! » dans la rue. Au passage de la demoiselle aux nattes.

Aucune réaction.

Après un moment de panique, nous avons compris que, par précaution sans doute, ses « parents adoptifs » l'avaient prénommée autrement.

« Maria », nous l'avons appris par la suite.

Comment faut-il s'y prendre pour aborder sa petite-fille quand celle-ci a grandi entourée d'une autre famille, aime déjà d'autres grand-parents ?

Comment lui dire ?

Faut-il lui dire ?

Et puis, nous croira-t-elle ?

Non...

Sûrement pas.

J'étais perdue.

Alors, je suis allée trouver Lelia.

Quand Rosita me l'avait présentée, juste après son procès, je m'étais sentie écrasée. Si jeune, si forte. Et emblématique.

J'ai reçu ses conseils comme autant de trésors.

Puis j'ai plusieurs fois rêvé d'elle. Allégorique et triomphante, Lelia incarnait « la Justice ». Qui allait vaincre et régner enfin sur le monde.

Le temps a passé. Stella et papa m'ont aidée, nous avons retrouvé Nina. Le mirage de ma petite-fille, tout à coup, a pris corps. Dans ma réalité. J'étais plus sûre de moi, j'avais de précieuses cartes en main. Restait à les abattre. Sans commettre d'erreur.

J'ai frappé à la porte. Entendu

quelques pas. Et « la Justice » m'a ouvert son foyer. En tablier, un joli sourire sur les lèvres. Elle m'avait reconnue.

« Bonjour ! M'apportez-vous de bonnes nouvelles, chère petite Melina ? »

Assise dans sa cuisine, je lui expliquai la situation. Elle écouta, silencieuse, attentive, mon embarras, mes doutes.

Je me livrai, totalement.

Lelia me prit la main, la caressa. Me fixant d'un regard intense.

« Je vous admire, Melina. »

Sa voix légère me sembla s'envoler.

« Vous avez du courage, vous savez... Un sacré courage, même ! Moi, ils m'ont pris mon grand frère. C'est ma blessure. Mais ma vie est devant. Vingt ans, pas mariée, pas maman... Vous, Melina, vous avez rencontré un homme, fondé une famille, élevé votre fille. Et ils vous l'ont tuée !

Votre vie ! C'était votre vie, Paloma ! C'était le fruit de votre histoire, de votre amour ! »

Lelia brusquement se leva.

« Ma mère n'a pas voulu se battre. Elle a préféré s'en aller. Traverser l'océan. Oublier ce maudit pays, son passé. Moi avec. »

Sa voix tremblait.

« Je sais qu'elle ne pourra jamais. C'est impossible, Melina, n'est-ce pas ? L'amnésie ne se commande pas. »

Elle se laissa retomber sur sa chaise.

« Je ne lui en veux pas, sans doute était-ce sa seule issue pour échapper à la folie. Elle aimait tant son fils… Alors je lui écris, tous les jours, des lettres que je n'envoie pas. Je ne peux pas, ma mère est partie sans laisser d'adresse. Vous voyez, elles sont toutes là, dans ce tiroir. »

Et « la Justice », cachant soudain sa figure dans ses mains, se mit à sangloter.

« Je n'en ai jamais parlé à personne. Tout le monde m'imagine si forte et je suis tellement seule ! »

J'ai tenté de la consoler…

Tendrement, doucement, comme je calmais tes larmes, petite Paloma, quand ton cœur était las.

Je suis rentrée à pied.

Fière… et honteuse à la fois.

J'aurais pu lui avouer, moi aussi, les lettres que j'écris et que je n'envoie pas. De ces feuilles blanches et douces que je noircis parfois, soignant mon écriture. De ces mots d'encre qui coulent de mon cœur. Cris silencieux, sans fin, figés sur le papier glacé.

Je n'ai rien dit, pourtant.

Secrets, nos rendez-vous.

Sacrés.

Le samedi suivant, Lelia est venue

passer la journée chez nous, avec Guille.

C'est lui qui m'a donné la clé, les réponses à toutes mes questions, le droit de décider pour elle, pour Nina.

Je lui ai prêté mes pinceaux et le regardais peindre. Son air sérieux, tellement appliqué, m'intimidait beaucoup, me tenant à distance.

Les couleurs se mélangeaient lentement. Le bleu du ciel et celui de la mer. Je n'osais prononcer un mot, troubler cette sérénité.

Soudain, il a pris la parole, ne quittant son travail des yeux.

« Tu sais, Melina, je suis très heureux chez Lelia... Même si j'ai plus ni papa ni maman. C'est comme une fée qui m'aurait délivré. Au début, je voulais pas venir. Je savais pas que j'étais prisonnier, qu'ils m'avaient enlevé. Je croyais que j'étais leur fils ! »

L'enfant plongea, pour le rincer, le

pinceau dans l'eau claire. Il regarda les longs rubans d'azur se noyer dans le verre, s'emmêler, s'y répandre…

« Mais je sentais qu'il y avait quelque chose. De bizarre, de pas normal. Je préfère maintenant. Parce que je sais la vérité, mon histoire. Lelia est très gentille, elle me raconte souvent la vie de mes parents, les vrais. Et même si c'est triste, même s'ils me manquent, je me sens bien. À ma place. »

Je me taisais toujours, suivant le geste sûr de sa petite main.

« Nina, tu dois la délivrer. D'abord, moi, je voudrais la connaître. Pour voir si c'est pareil, ce qu'ils lui ont fait croire et tout, si elle sentait, elle aussi, quelque chose. »

Guille reposa le pinceau et me regarda dans les yeux.

« T'es d'accord, Melina ? Je t'aiderai, moi, si tu veux ! »

À partir de ce jour, la lutte s'engagea pour de bon. Archives, photographies, témoignages, le dossier prenait forme.

Restait à convaincre Nina. Ou, du moins, à la faire douter. Nous revoir n'avait pas suffi, ni même l'évocation de son ancien prénom. Ses souvenirs semblaient se refuser à elle et vouloir demeurer cachés, enfouis sous les mensonges, pour toujours emmurés derrière. Elle était si petite, deux années de bonheur, quand ils l'ont enlevée !

Une idée m'est venue...

Depuis votre « disparition », petite Paloma, j'avais condamné ton ancienne chambre. Les volets restaient clos, la porte fermée à double tour. Je n'y allais jamais, tu devines pourquoi...

J'ai retrouvé la clé, poussé la porte, ouvert grand la fenêtre et laissé, de nouveau, le jour y pénétrer. Cela sentait mauvais. Le renfermé, le chagrin renfermé.

Sur ton lit, une poupée. Les bras tendus, les joues dorées, qui semblait m'accueillir. Et j'ai revu Nina, dans le jardin, passant des heures à la coiffer, la faire manger, la promener dans sa voiture d'enfant.

Elle était là, debout, à l'arrêt d'autobus.

J'ai traversé la place.

Nous nous sommes observées. Face à face.

J'ai ouvert mon grand sac.

« Tiens, Nina, ta poupée. »

Très lentement, la fillette a tendu le bras, saisi le jouet. Longuement l'a dévisagée, lui caressant les cheveux et les joues. Et sans me regarder, sans prononcer un mot, s'est enfuie en courant. Ses pas claquant sur le pavé.

À cet instant précis, je me suis souvenue. Ta poupée, sa poupée, s'appelait Maria.

Le procès commence demain.

Aide-moi, je t'en prie, petite Paloma chérie, à te rendre ta fille, à te redonner vie.

Je t'embrasse fort.

MAMAN.

Chère Paloma,

Trois semaines ! Trois semaines et, ce soir, le verdict attendu. Nina nous est « rendue » !

Je suis tellement fière de t'annoncer cette nouvelle ! Ma fille, ma Paloma, ton enfant est sauvée. Elle grandira parmi les siens et dans la vérité...

Pour l'heure, nous fêtons la victoire avec les amis formidables qui nous ont entourés durant ce terrible combat : Fernando et Stella, Luis et Rosita, Lelia et le petit Guille. Tous ont assisté au procès, nous soutenant d'un mot, d'un geste ou seulement d'un regard, quand c'était nécessaire.

Jamais je n'avais senti tant d'amour, tant de respect autour de nous.

Je me suis isolée, le temps de t'écrire cette lettre. La maison n'est pas grande. J'ai cherché un endroit tranquille, propice aux confidences, et c'est dans ton ancienne chambre, sur ton lit d'autrefois, que j'ai trouvé refuge.

Si je fermais les yeux, tu pourrais revenir… Petite, à genoux sur le plancher clair, empilant des cubes de bois. Plus tard, bientôt adolescente, allongée à plat ventre, plongée dans la lecture d'un roman d'aventures.

Mais je garde les yeux ouverts.

Aujourd'hui, je préfère...

Et demain, Nina dormira ici, dans ton lit. Dans son lit. Demain, elle reviendra chez nous, la vie ! Et pour de bon ! Et ne s'en ira plus du tout !

J'entends des rires, de la musique, dans la salle à manger. Stella danse et Guille la suit, ravi d'être de la partie.

Lelia et Rosita m'ont apporté des fleurs. Et serrée dans leurs bras.

Fernando m'a dit son admiration. Et Luis, que je m'étais battue avec une belle dignité.

Je devine l'émotion de ton père. Ses yeux seuls m'ont parlé, qui brillaient tant dans la lumière du soir...

La nuit est douce, petite colombe. Elle me semble complice. De notre joie, peut-être.

Je ne dormirai pas, je crois, n'en aurai pas la force.

L'ivresse de la victoire…

Et l'inquiétude, aussi.

Comment Nina se comportera-t-elle?

Son attitude lors des audiences, son regard qui fuyait le mien, son mutisme obstiné, sa pâleur maladive, ne présagent rien de facile.

Me pardonnera-t-elle?

J'ai détruit tout son univers…

« Ta mère n'est pas ta mère, ton père n'est pas ton père. Ces gens t'ont menti tout ce temps. Ta mère est morte. Ton père aussi. Assassinés, "disparus". Tu n'as plus de parents. »

Comment lui dire? Que je reconstruirai sa vie, jour après jour, dans le cœur de la mienne.

Je voudrais tellement qu'elle se plaise ici, où tu es née, où tu as passé ton enfance, où tu es devenue jeune fille.

Je voudrais qu'elle oublie...

De nouveau.

Que sa blessure doucement se referme et qu'elle puisse regarder, plus tard, son passé sans rancœur et ces six ans d'« absence » comme une parenthèse vide, un mauvais rêve que le soleil a chassé au matin.

Je voudrais tant qu'elle m'aime !

Je t'embrasse fort.

MAMAN.

Chère Paloma,

Il faut que tu reviennes ! Il faut que tu m'aides à l'apprivoiser, Nina !

Je savais que ce serait long, et difficile. Le procès l'a traumatisée.

Petite poupée perdue, posée là sur un banc, dans cette salle sans fenêtre.

Petite poupée de chair, de sentiments... Que l'on s'est disputée, de plaidoiries en expertises, à coup de juges et d'avocats.

Petite poupée blessée, blessante, qui me traita de « sale menteuse » lors d'un face-à-face imprévu, au détour d'un couloir, dans le dédale du tribunal. Murmure amer sorti d'entre ses dents serrées. Sifflement sourd qui perça mes tympans pour faire saigner mon cœur.

Mais Lelia m'avait prévenue.

« Surtout, si elle te témoigne de la haine, ne bronche pas. Dis-toi que c'est normal. Imagine. Tu as huit ans et, tout à coup, tout ce que tu sais de ta vie s'écroule ! Tes parents, ta famille, ton nom, ta propre identité ! Tu te rends compte ? C'est terrible ! Nina est une enfant. Toi, non. Alors, ne te laisse pas avoir. Elle a été trompée. Toi, tu connais la vérité. Quand tu auras gagné, tu aviseras. Pour le moment, il faut lutter ! Et même contre elle, contre Maria ! Plus tard, Nina te comprendra. Elle te remerciera, tu verras ! »

J'ai tenu bon… Quand mon cœur me faisait trop mal, mes pensées s'envolaient vers toi.

La « mère adoptive », quarante ans, élégante, paraissait résignée. Se taisait, semblait insensible aux attaques.

Je pensais la haïr, pouvoir le faire. Devoir le faire. Mais son comportement, si lointain, détaché, ne m'en laissa pas le confort. Battue d'avance, indifférente au combat, elle me privait du plaisir de la vaincre, m'a frustrée de ce bonheur-là.

Depuis, je sais qu'elle a demandé le divorce.

Le « père », lui, n'a pas même pris la peine d'assister aux audiences. Trop de publicité. Un militaire ? Un gradé ?

Au banc des accusés? Étions-nous bien sérieux?

Leurs deux avocats se chargeaient de tout, mais n'avaient qu'une défense, nous traiter d'affabulateurs, de fous voleurs d'enfants! Nous!

Nos preuves ont fait le reste... Actes de naissance, photographies, témoignages et tests sanguins : elles étaient convaincantes!

Maintenant que tout est fini, que Nina vit chez nous, je m'aperçois combien ce procès m'a minée...

Pendant la bataille, je ne pensais qu'à la victoire, l'envisageais comme un nouveau départ, pour Nina et pour nous. Je rêvais d'une paix retrouvée, d'une vie de famille tranquille et gaie.

Je dormais peu, ne mangeais plus, ne me ménageais pas. Ton père s'en inquiétait, me raisonnait. Mais, lui aussi, perdait sommeil et appétit.

La victoire est venue.

La délivrance, le grand soulagement.

Et la reconnaissance.

Nous avons fêté la justice, la vérité. Dansé de joie, bu à notre avenir. Nous allions voir grandir Nina, l'entourer de tout notre amour. Nous allions enfin vivre ensemble !

Et pourtant, Paloma, je me sens si lasse aujourd'hui…

Nina ne m'adresse jamais la parole. Pas directement. Elle se sert de Pablo, de Stella, de Lelia, qui me demandent pour elle comment tu l'appelais quand elle était bébé — « ma douce », « Ninon », « Ninette » et « la princesse canaille », je m'en souviens, tu vois. Et pourquoi ce prénom, Nina ? Et quelle robe portait-elle, pour son premier Noël, pour son premier anniversaire ?

J'ai tout gardé… Je sors les vieilles valises et déplie les affaires. Nina vérifie tout, recherche ses souvenirs, les plus lointains, les plus abstraits, ceux qui demeurent enfouis au plus profond d'elle-même. Des sensations fugaces, des éclairs de lumière.

Moi, j'essaie d'oublier...

Perdre un instant ma mémoire encombrante. Ses fragments de passé qui s'imposent à moi tout à coup, me soustrayant de force à la réalité. Me faisant somnambule. Absente.

Tu ne m'as jamais tant manquée.

Aide-moi, je t'en supplie, petite Paloma.

Brisée par le combat, je n'ai pas su prendre le bon chemin. Celui de ce nouveau départ, de la paix retrouvée. La victoire m'est amère et je n'ai plus le goût à rien...

Cette lettre est un appel.

À ta sagesse, à ton courage. Pour qu'ils me viennent en aide.

Un appel à moi-même…

J'ai cru que Nina te remplacerait. Que je retrouverais ma place, mon rôle de mère. Comme dans la vie d'avant.

Je me suis trompée, Paloma. Nina n'est pas ma fille. Et toi, ma jolie colombe envolée, tu restes là, qui nous sépare, qui nous relie. Ton absence et ton souvenir…

Pablo sans doute n'a pas fait cette erreur.

La petite l'adore et se confie à lui. Le grand-père idéal. Présent, gai, attentif. Qui l'emmène partout, dans son vieil autobus.

Cette belle entente me console. Me rassure. Et me laisse croire qu'un jour, peut-être, Nina et moi saurons nous rapprocher…

D'après Lelia, ta fille fait preuve d'une grande maturité :

« Elle reconstruit sa vie, Melina. Comme un puzzle géant. Elle doit trouver chaque pièce et son emplacement. C'est une sorte de jeu, pour elle, mais c'est un jeu vital ! Il faut la laisser faire, lui donner tout son temps. Moi, je pense qu'elle ira vite, très vite. Et qu'ensuite tout sera réglé. Guille s'y est pris autrement. Il m'a fait confiance et s'est reposé sur moi, tout de suite. Mais les difficultés, peut-être, arriveront plus tard. Il lui manque un papa... »

Et elle ajoute, malicieuse : « Tu sais, chère petite Melina, c'est toi, la pièce centrale du puzzle de Nina. Tu es là, au plein milieu, et toutes les autres sont accrochées à toi ! »

J'ai compris peu à peu...

Je dois me battre encore. Non pas contre Nina, mais contre mon refus d'admettre que tu as « disparu », que tu es morte et que l'histoire, pourtant, ne s'arrête pas là. Lutter contre moi-même. Parce que ta fille, tout simplement, a besoin d'une grand-mère.

De sa grand-mère.

J'allais oublier ! Rosita et Luis attendent un « heureux événement ». Je suis ravie ! Et je crois que Nina aussi, qui s'interroge beaucoup sur les choses de la vie…

Je t'embrasse fort.

MAMAN.

Chère Paloma,

Nina est merveilleuse !

C'est elle, si petite et déjà si forte, qui m'a apprivoisée. Moi, la pleureuse, la traîneuse de fantôme qui lui en voulais tant, je l'ai compris bien tard, de t'avoir survécu.

Souviens-toi, Paloma, quand je niais votre ressemblance, contre l'avis de tous, devant les photographies de Luis...

Nina au même regard aigu, aux mêmes joues roses et rebondies.

Comment pouvait-elle vivre encore, sans toi qui l'avais mise au monde? Sans mémoire ni conscience du drame?

Mais seul mon chagrin nourrissait mon cœur, l'abreuvait de morbidité, d'un sentiment de vanité totale.

Pourquoi survivre?

Pourquoi poursuivre le chemin?

Nina aura bientôt dix ans.

Quelques pas en avant, vers l'horizon.

Je sais quel cadeau lui fera plaisir. C'est une surprise, elle adore les surprises!

Comme moi...

Un matin de paresse, me levant un peu tard, j'ai découvert Nina, pieds nus dans la cuisine, qui préparait mon petit déjeuner. Thé fumé, pain d'épice, fruit frais cueilli dans le jardin...

Sans me montrer, je me suis recouchée.

Touchée, troublée, j'ai attendu.

« Bonjour, mamie... »

Le souffle de sa voix m'a caressé la joue...

Et mes larmes ont coulé, roulé, mouillé nos deux visages, serrés l'un contre l'autre pour la première fois.

Premiers mots pour moi depuis le « sale menteuse » du Palais de justice. D'un coup, la vie, l'amour sont entrés dans la chambre.

Si bon, si doux d'être ensemble à nouveau.

Chère Nina !

Elle est curieuse de tout, de son histoire et de la vérité, me pose des milliers de questions.

Sur toi, surtout.

Et sur Juan.

J'essaie de répondre avec précision. Sans cacher l'émotion que le passé réveille, à chaque évocation.

D'ailleurs, Nina est délicate, ne poussant pas trop loin lorsqu'elle pressent ma gêne, ma peine qui revient.

Mais si ma blessure est intacte, béante, à vif, la présence de ma petite-fille en apaise la douleur...

Rosita est maman ! D'un petit garçon bien dodu, Manuel. Le papa est très fier.

Et Nina lui a déjà fait plus de vingt dessins : le ventre rond de Rosita, l'accouchement, la chambre à la maternité, Luis poussant le landau... J'ai ressorti tes « œuvres de jeunesse », que j'avais toutes gardées. Les couleurs ont passé, bien sûr, mais les scènes sont vivantes, les personnages bien vus, et souvent cocasses. Comme ceux de Nina ! Je crois bien qu'elle a ton talent, mais quel rythme : vingt-trois petits chefs-d'œuvre en une semaine ! Là, tu es dépassée !

Je suis heureuse pour Rosita. Et pour Luis. Ils étaient si inquiets. Retenter l'aventure, après une telle épreuve, quel courage !

Quelle revanche !

Leur premier bébé n'avait pas vécu. Il était mort à la naissance, comme suicidé pour échapper à ses bourreaux. Peut-être a-t-il ainsi sauvé ses parents de la mort. De la « disparition ».

Mais « petit Manuel » est vivant, qui prend toute la place. Plus de chagrin, la vie revient. Par le chemin du cœur, par l'enfant de l'amour.

J'aimerais tant que Lelia puisse connaître, elle aussi, ce bonheur merveilleux. J'espère qu'elle aimera un homme, qu'elle trouvera un « père » pour son petit Guille. Ou un oncle, si tu préfères. Et qu'ils lui donneront quelques petits cousins...

Jolie Lelia, Nina l'adore.

Elle n'ose pas lui montrer... Mais moi, je le vois bien. Elle imite ses manières. Ses gestes, sa façon de parler. Elle copie son allure, se coiffe comme elle, cheveux relevés découvrant la nuque, retenus en chignon par une baguette chinoise, un pinceau, un crayon. C'est joli, original.

Et puis elle met des salopettes. En ce moment, inutile d'acheter une robe! De la lui faire soi-même, encore moins!

Elle est belle, ta Ninette. Ses yeux noirs en amande, que de longs cils soulignent d'un trait de velours, sont de précieux bijoux.

Chacun de ses regards, mélancolique ou malicieux, est un trésor pour moi. J'y vois le passé, l'avenir, mes espoirs et mes souvenirs.

Je t'y retrouve, et Juan, et votre amour.

Votre courage aussi.

Le fil ténu qui nous relie, malgré l'absence, malgré la mort intolérable, passe dans ces yeux d'enfant, pleins de lumière et pleins de vie.

Le dimanche, de bonne heure, nous allons nous baigner. Le vent salé, la plage, notre coin d'ombre au milieu des rochers, rien n'a changé. Nous avons retrouvé nos plaisirs d'autrefois.

Nina est bonne nageuse, mais refuse de plonger. Guille, qui nous accompagne souvent, joue pendant des heures avec elle, au ballon ou aux cartes, se pliant volontiers à ses petits caprices. Ils construisent des châteaux de sable, de véritables forteresses qu'ils aiment regarder s'écrouler sous les assauts têtus de la marée montante.

Comme les autres enfants…

Nina et Guille se ressemblent, assis l'un contre l'autre.

Ils contemplent la mer, qui vient rouler sa vague au bout de la jetée. Partagent un morceau de silence. Et d'immobilité. Au milieu du tumulte bleu.

Où vont les pensées qui s'envolent, les pensées des enfants ?

Est-ce que les oiseaux les emportent, au loin dans le soleil, sur leurs ailes de feu ?

Entends-tu, Paloma, ces deux voix qui t'appellent ? Qui te questionnent, toi, l'invisible. La « disparue ». La morte aux mille visages. Que leur dis-tu, que réponds-tu ?

Malgré Nina qui me tient par la main, qui me retient, debout dans sa lumière, je n'entends pas, je n'entends plus. Que le vent qui me grise. Que ma chanson intime, ma rengaine, mon chagrin.

Non, je n'entends plus rien…

Huit ans.

Huit ans, petite colombe, qu'ils t'ont assassinée.

Huit ans de désespoir, huit ans de dignité.

Huit ans, cent ans, mille ans.

Mille ans d'impunité.

Tu n'as plus de pays que celui de mon cœur.

Adieu, ma douce.

MAMAN.

Chère Paloma,

Elle est morte, Melina.

Dans son lit, doucement, il y a bientôt un an. C'était un matin de printemps.

J'ai rangé ses affaires, Pablo n'y touchait pas. C'est comme ça que j'ai découvert ces lettres, dans une vieille boîte de couleurs.

Je les ai lues, relues.

Elle ne m'en avait pas parlé. Ça ne me surprend pas, Melina aimait les secrets. Celui-là m'a beaucoup touchée, savoir qu'elle t'écrivait, presque en cachette, quand le poids du chagrin se faisait trop lourd à porter.

Elle me parlait de toi. Souvent, c'était moi qui l'interrogeais. Ses yeux se mettaient à briller. Je ne savais jamais ce que ça voulait dire, des larmes ou du plaisir, ou les deux à la fois. Mais elle adorait ça, me dire qui tu étais, quelle enfant et quelle femme. Elle était fière de toi. Et grâce à elle, je le suis, moi aussi.

Elle m'a tout donné, Melina. Je n'ai pas peur de dire que je l'aime comme ma mère, tu ne m'en voudras pas. Sa mort m'a laissée orpheline.

J'ai l'âge que tu avais lorsqu'ils t'ont arrêtée. C'est difficile, pour moi. J'ai du mal à grandir.

Ton souvenir, dans les mémoires, est resté celui d'une jeune femme. L'idée de te survivre, au point, bientôt, d'être plus vieille que toi, me paraît monstrueuse.

J'ai peur de ne plus savoir qui je suis.

Ta fille, ta sœur.

Ta mère…

Maman,

quel joli mot !

Si douloureux, pourtant, à ma bouche d'enfant que je préférais l'éviter.

Je ne l'appelais pas, cette femme hautaine qui se disait ma mère.

En lisant Melina, j'ai revu leurs visages, ceux qui m'ont tout volé. Mes parents, mon enfance.

Et mon pays, aussi.

Tu t'es battue, maman, pour la liberté de ton peuple, pour la justice et la démocratie. Tu es morte au combat, sous la torture de l'ennemi, si lâche qu'il n'osait pas signer ses crimes.

Puis la dictature est tombée. Justice, démocratie enfin sont arrivées! Melina s'est battue, elle aussi pour la liberté, ma liberté. D'être moi-même et fière de toi.

Mais moi, qui sera fier de moi? Quel sera mon combat? Melina n'est plus là, tes bourreaux demeurent impunis.

Maman, dis-moi, toi, ce que je dois faire.

J'ai pensé te venger. Avec un flingue, les chasser, les descendre. Tous, un par un, ça m'amuserait peut-être…

Mais tu n'aimerais pas. Et Melina non plus. Ce serait s'abaisser, utiliser leurs armes, rentrer dans leur jeu misérable.

Ce matin, de bonne heure, j'ai refait le chemin. Le soleil se levait, l'autobus était vide.

J'ai tout revu : l'appartement où je suis née, qui n'est plus habité, puis l'École militaire et la grande maison de banlieue.

Plus tard, le tribunal.

En rentrant chez Pablo, je suis descendue voir la mer.

Rue Santa Paula, j'ai retrouvé la petite librairie. Je suis entrée sans réfléchir et j'ai acheté du papier, celui sur lequel je t'écris.

Le vieux libraire, debout derrière sa caisse, m'a suivie du regard pendant que je faisais mon choix, allant d'un présentoir à l'autre. Et lorsque j'ai voulu payer, il a glissé dans mes affaires un stylo plume et un cahier.

Je n'ai rien dit. Merci, peut-être. Et je suis ressortie. J'ai marché comme un automate jusqu'à la maison de Pablo.

Le jour pénètre dans ma chambre par la fenêtre du jardin, dessinant sur le sol, au travers des persiennes, de longues rayures irrégulières.

À plat ventre par terre, de nouveau j'ai relu les lettres.

Maintenant, c'est mon tour. J'écris sous ton regard, celui du grand portrait penché au-dessus de mon lit — notre portrait — que Melina m'avait offert pour mon dixième anniversaire.

Elle a osé défier la mort de la pointe de son pinceau. Avec des couleurs vives et le talent d'aimer. Se souvenir, donner.

Un tableau, un cahier.

Et un sens à ma vie.

Ma main, déjà, court et s'envole sur le papier. Les mots jaillissent, l'un après l'autre, du fond de ma mémoire, et notre histoire, si douloureuse, sort de ma chair, pour apparaître enfin, dans la lumière.

Libre, maman. Je me sens libre.

Je t'embrasse tendrement…

NINA.

Note de l'auteur

J'ai choisi, en écrivant ce roman, de ne pas faire mention, ni de l'époque, ni du pays, dans lesquels l'action se situe.

Souci d'universalité.

Melina, Paloma, Nina, et tous les autres, sont des personnages de fiction, nés de mon imagination.

Et pourtant, ce qu'ils vivent, ce qu'ils subissent sur le papier – tortures, disparitions, enlèvements, procès –, des êtres de chair et de sang, des hommes, des femmes et des enfants, en ont été les victimes bien réelles, historiques.

Ne les oublions pas.

Merci à l'équipe de Daniel Mermet pour les reportages effectués en Argentine et diffusés sur France-Inter dans l'émission « Là-bas, si j'y suis », qui m'ont largement inspirée.

Véronique Massenot.

IMPRIMÉ EN FRANCE PAR BRODARD ET TAUPIN
Usine de La Flèche, 72200.
Dépôt légal imprimeur : 1440 T-5 – Éditeur : 7981
32-10-1549-01-8 – ISBN : 2-01-321549-5

Loi n° 49-956 du 16 juillet 1949 sur les publications destinées à la jeunesse.
Dépôt légal : Mars 1998